Seymour Simon

TIBURONES
FABULOSOS

chronicle books · san francisco

Para mi nieta Chloe y mi nieto Jeremy

Agradezco a mi especialista de lectura, la doctora Linda B. Gambrell, directora de School of Education, Clemson University. La doctora Gambrell ha sido presidenta de National Reading Council y miembro de la junta directiva de la Asociación Internacional de Lectura.

Se agradece el permiso para usar las fotos siguientes:
Portada © Jeff Rotman/Photo Researchers, Inc.; carátula, páginas 24–25: © C & M Fallows/ Seapics.com; páginas 2–3: © Elichi Kurasawa/Photo Researchers, Inc.; páginas 4–5: © Calvert Marine Museum; páginas 6–7, 30–31: © David B. Fleetham/Visuals Unlimited; páginas 8–9, 22–23, y contraportada: © Carl Roessler; páginas 10–11: © Jonathan Bird/ORG; páginas 14–15: © James D. Watt/Visuals Unlimited; páginas 16–17: © David Wrobel/Visuals Unlimited; páginas 18–19: © Doug Perrine/Seapics.com; páginas 20–21: © Mark Jones/Minden Pictures; páginas 26–27: © Richard Hermann/Visuals Unlimited; páginas 28–29: © Tom Campbell/MercuryPress.com; página 32: © Steve Droglin/Seapics.com.

Spanish translation by Elizabeth Bell.
Manufactured in China.

Library of Congress Cataloging-in-Publication Data
Simon, Seymour.
  [Incredible sharks . Spanish]
  Tiburones fabulosos / Seymour Simon.
    p. cm. — (SeeMore readers)
  ISBN-13: 978-0-8118-5494-8 (library edition)
  ISBN-10: 0-8118-5494-9 (library edition)
  ISBN-13: 978-0-8118-5495-5 (pbk.)
  ISBN-10: 0-8118-5495-7 (pbk.)
  1. Sharks—Juvenile literature.   I. Title.
  QL638.9.S55718 2006
  597.3—dc22
  2005031696

Distribuido en Canadá por Raincoast Books
9050 Shaughnessy Street, Vancouver, British Columbia V6P 6E5

10 9 8 7 6 5 4 3 2 1

Chronicle Books LLC
85 Second Street, San Francisco, California 94105

www.chroniclekids.com

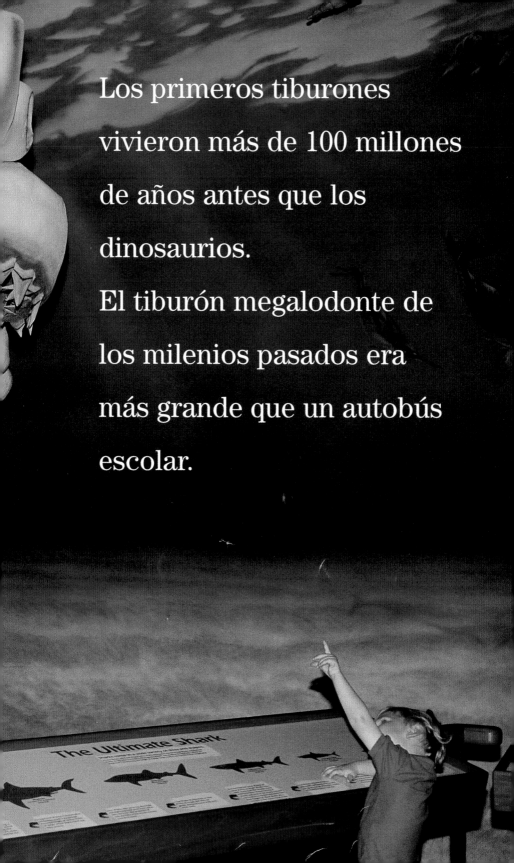

Los primeros tiburones vivieron más de 100 millones de años antes que los dinosaurios.

El tiburón megalodonte de los milenios pasados era más grande que un autobús escolar.

Los tiburones no tienen huesos en sus cuerpos.

Sus esqueletos están hechos de cartílagos flexibles.

Es el mismo tipo de cartílago que tú tienes en la nariz y en las orejas.

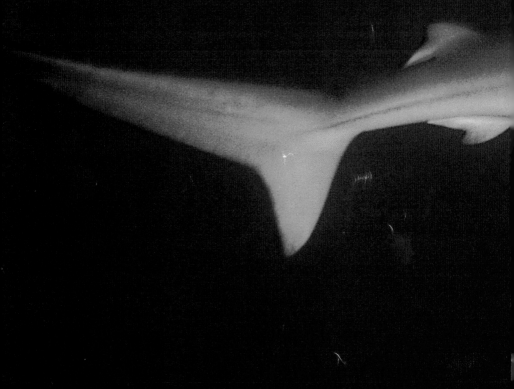

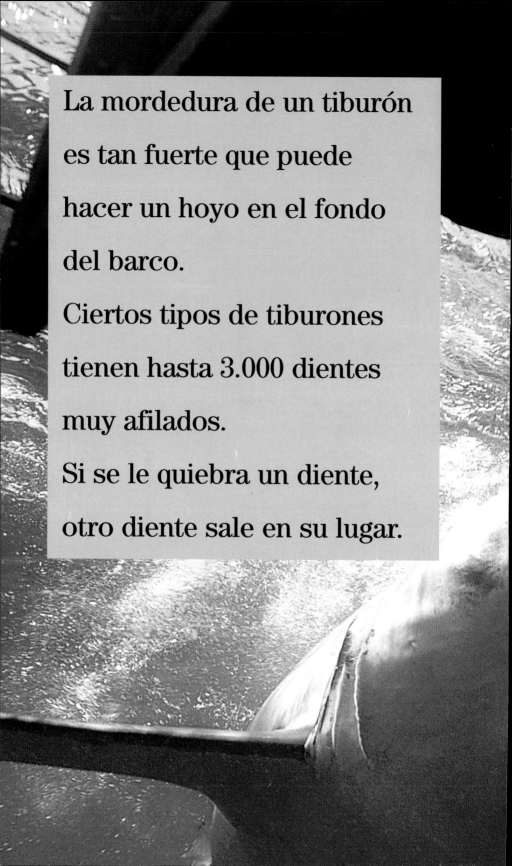

La mordedura de un tiburón es tan fuerte que puede hacer un hoyo en el fondo del barco.

Ciertos tipos de tiburones tienen hasta 3.000 dientes muy afilados.

Si se le quiebra un diente, otro diente sale en su lugar.

Los tiburones no mastican.

Se tragan el bocado entero.

Después de haber comido, un

tiburón puede pasar algunas

semanas sin comer.

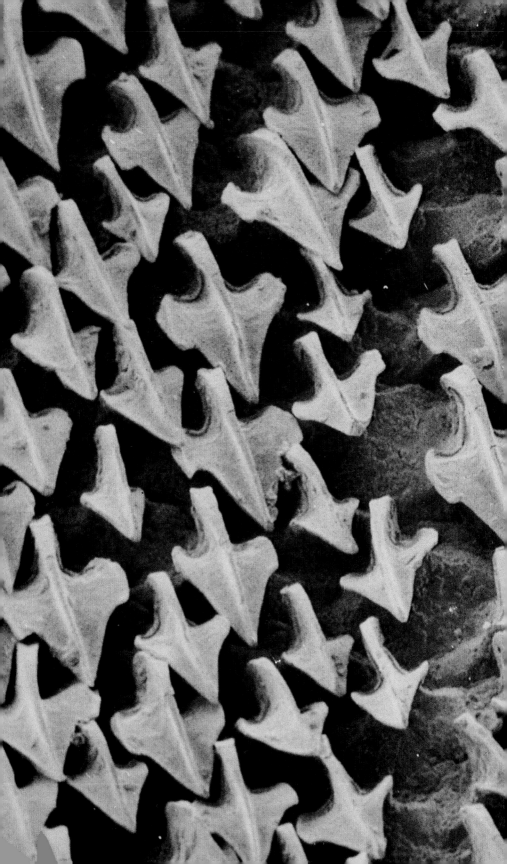

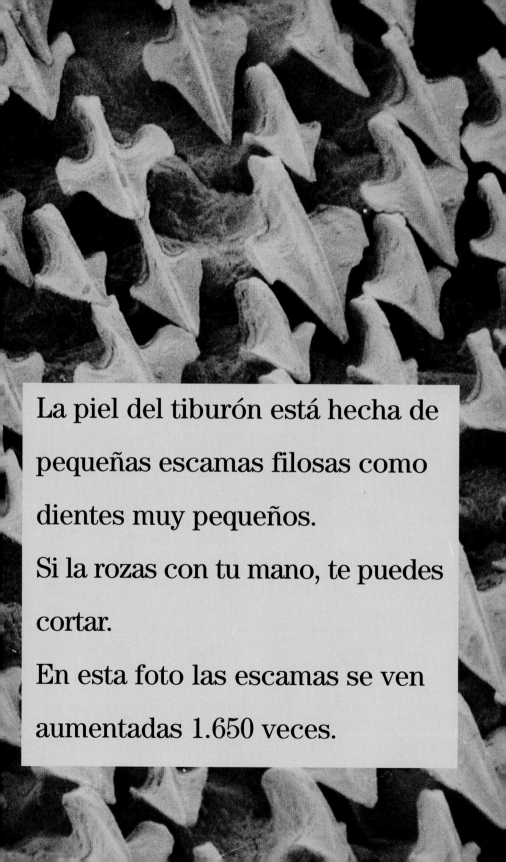

La piel del tiburón está hecha de pequeñas escamas filosas como dientes muy pequeños.

Si la rozas con tu mano, te puedes cortar.

En esta foto las escamas se ven aumentadas 1.650 veces.

Los tiburones pueden oír sonidos en el agua a una distancia de 800 metros.

Pueden oler una sola gota de sangre en el agua desde una distancia de más de 1,6 kilómetros.

Hay más o menos 400 tipos
de tiburón.

La mayoría de ellos miden
menos de un metro.

El tiburón ballena es el más grande.

A veces alcanza 15 metros de largo.

Los tiburones enanos miden

solamente 17 centímetros de largo.

Este tiburón, el tapicero manchado,

mide 1,3 metros.

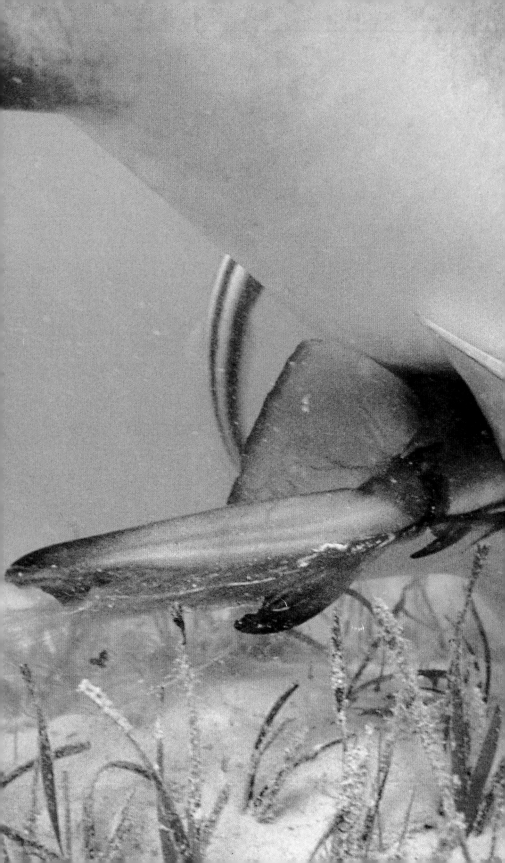

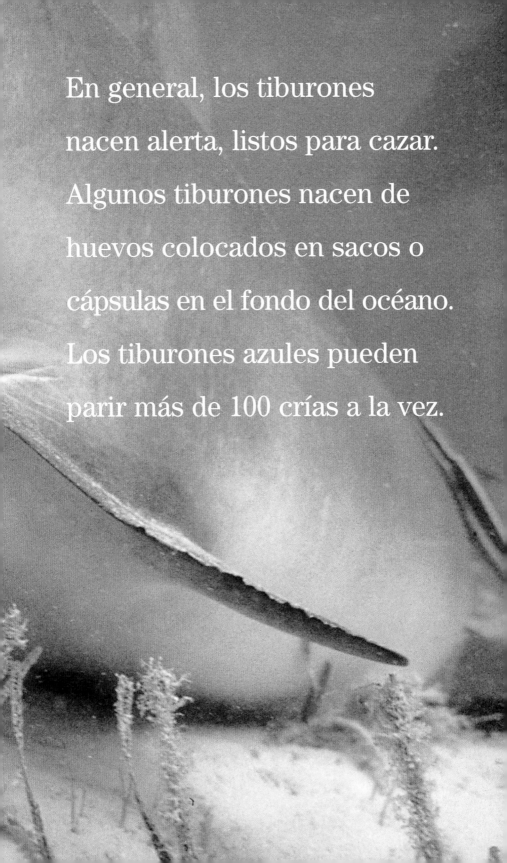

En general, los tiburones
nacen alerta, listos para cazar.
Algunos tiburones nacen de
huevos colocados en sacos o
cápsulas en el fondo del océano.
Los tiburones azules pueden
parir más de 100 crías a la vez.

El tiburón martillo tiene una cabeza ancha y amplia que parece un martillo.

Los más grandes de estos miden 6 metros de largo.

El tiburón ballena es el pez
más grande del mar.
Algunos tienen el peso de
tres elefantes.

Su boca de dos metros filtra las plantas pequeñas y los animalitos que hay en el agua.

El tiburón más aterrador
es el gran tiburón blanco.
Tiene 50 dientes afilados
de 6 centímetros.

Su comida favorita no son las personas, sino las focas y los leones marinos.

Los tiburones marrajos y los tiburones azules son los más rápidos.

Nadan más rápido de lo que tú corres.

Los tiburones comen toda clase
de cosas raras que encuentran
en el mar.

Dentro de los estómagos de los
tiburones han encontrado barriles
de clavos, cajas de vino, zapatos,
e instrumentos musicales.

Los tiburones raramente

atacan a las personas.

Las picadas de los insectos

matan a más personas cada

año que los tiburones.

Pero las personas no deben

de nadar donde andan

los tiburones.

Cada año se descubren más de
30 tipos de tiburones.
Seguimos aprendiendo cosas
nuevas acerca de los tiburones.